Los primeros exploradores

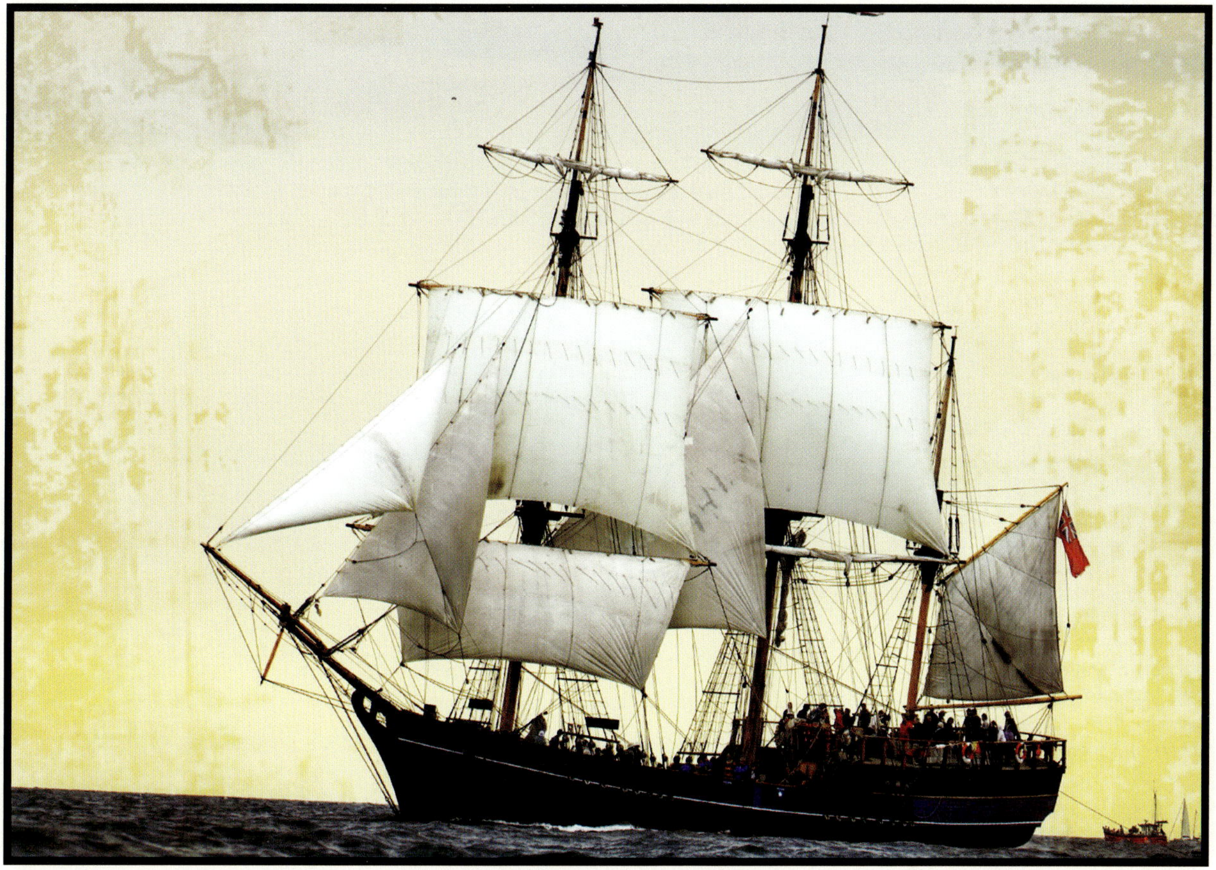

Ellen Kavanagh

rourkeeducationalmedia.com

© 2015 Rourke Educational Media

All rights reserved. No part of this book may be reproduced or utilized in any form or by any means, electronic or mechanical including photocopying, recording, or by any information storage and retrieval system without permission in writing from the publisher.

www.rourkeeducationalmedia.com

PHOTO CREDITS: Cover & title page: © howard Oates; © Illustrious, © javarman3; page 5: © JeanUrsula; page 6: © yorkfoto, © rimglow; page 7: © wikipedia; page 8: © wikipedia; page 9:© raclro; page 10: © wikimedia; page 11: © Eugenio Opitz, © AVvector; page 13: © wikimedia; page 14: © wikipedia; page 15: © HultonArchive; page 17: © wikimedia; page 18: © Jelen80; page 19: © rramirez125; page 21

Edited by: Jill Sherman
Traducido y editado por Danay Rodríguez.

Cover: Tara Raymo

Interior design by: Pamela McCollum

Library of Congress PCN Data

Los primeros exploradores / Ellen Kavanagh
(El Pequeño Mundo de Estudios Sociales)
ISBN 978-1-62169-918-7 (hard cover)(alk. paper)
ISBN 978-1-62169-813-5 (soft cover)
ISBN 978-1-62717-023-9 (e-Book)
ISBN 978-1-63430-146-6 (hard cover - spanish)
ISBN 978-1-63430-172-5 (soft cover - spanish)
ISBN 978-1-63430-198-5 (e-Book - spanish)
Library of Congress Control Number:2014953689

Rourke Educational Media
Printed in the United States of America,
North Mankato, Minnesota

rourkeeducationalmedia.com
customerservice@rourkeeducationalmedia.com   •   PO Box 643328 Vero Beach, Florida 32964

Tabla de Contenido

Explorando el mundo 4
Erik el Rojo 6
Marco Polo 8
Cristóbal Colón. 10
Américo Vespucio 12
Vasco de Gama. 14
Vasco Núñez de Balboa. 16
Fernando de Magallanes. 18
Glosario Ilustrado 22
Índice 24
Sitios Web. 24

Explorando el mundo

Los **exploradores** son las personas que visitan y estudian tierras desconocidas. Los primeros exploradores viajaron a través de océanos y continentes para hacer mapas de la forma y el tamaño de la Tierra.

Los primeros exploradores eran muy valientes y tenían espíritu aventurero. Sus exploraciones nos proporcionaron nuevos conocimientos sobre nuestra Tierra.

Erik el Rojo (950–1003)

Erik el Rojo, un explorador vikingo, zarpó en el 981 desde Islandia y descubrió Groenlandia. En el 986 organizó una nueva expedición con 500 vikingos y 25 embarcaciones y construyó una nueva colonia vikinga llamada Brattahlid.

Groenlandia

● Brattahlid

Los vikingos pescaban y atrapaban animales para ganarse la vida en Brattahlid, Groenlandia.

Marco Polo (1254–1324)

Marco Polo fue un explorador proveniente de Venecia, Italia. Se ganó la vida comerciando **productos** con China. En los años 1275-1292 viajó a nuevas tierras en busca de nuevos productos para el **comercio**.

Exploraciones de Marco Polo

Marco Polo escribió sobre sus viajes y describió el papel moneda y los sistemas de correos utilizados en China para el comercio. Estos escritos entusiasmaron a la gente sobre las exploraciones.

Cristóbal Colón (1451–1506)

Cristóbal Colón, un explorador italiano, partió con sus tres naves en 1492 para abrir una nueva ruta **marítima** desde España hasta Asia. En lugar de desembarcar en Asia, desembarcó en el Caribe. ¡No se dio cuenta de que había encontrado un nuevo **continente**!

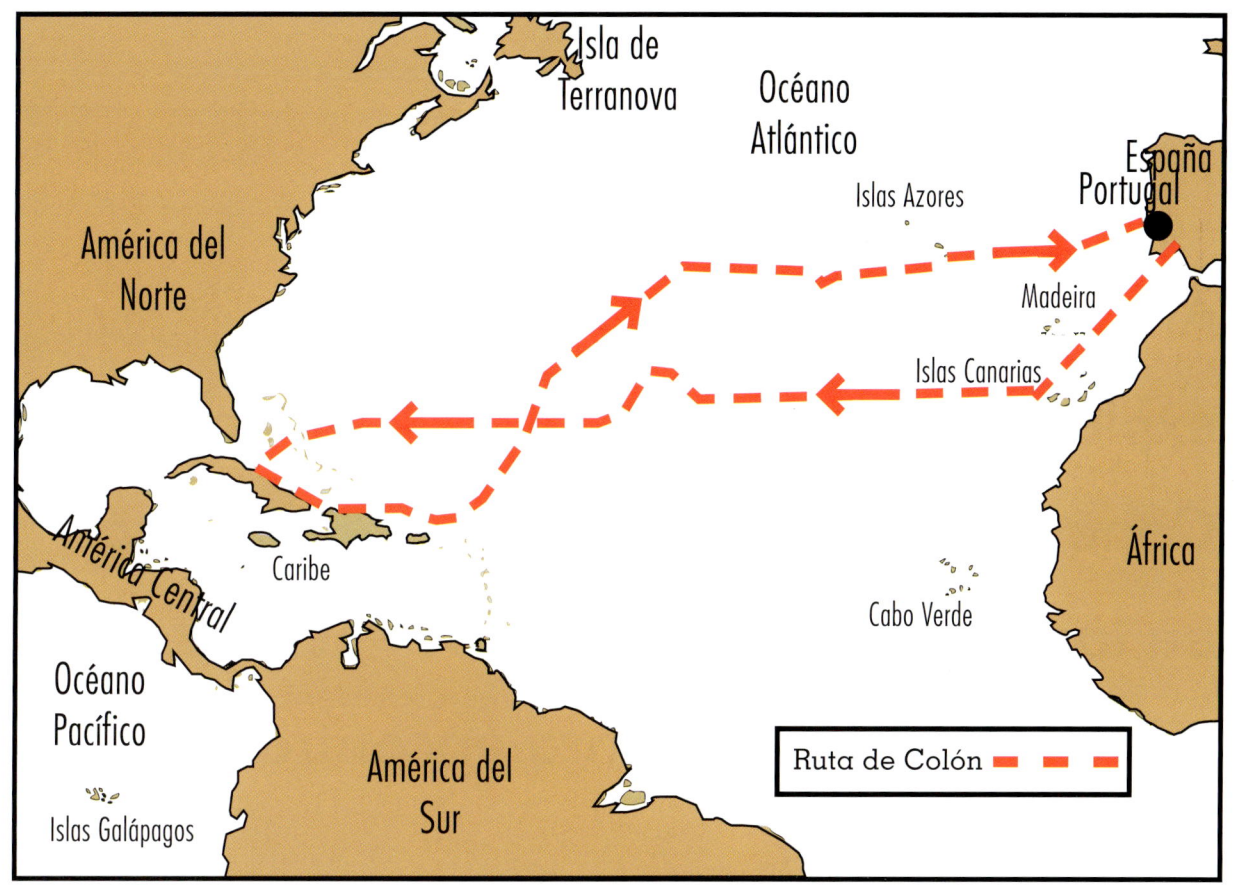

Colón cruzó el océano Atlántico desde España con su tres naves, la Niña, la Pinta y la Santa María. Él desembarcó en el Caribe el 12 de octubre de 1492.

Américo Vespucio (1451–1512)

América fue nombrada por el explorador italiano Américo Vespucio. Conoció a Cristóbal Colón y se interesó en las exploraciones. En 1497, cruzó el océano Atlántico para encontrar América del Sur.

Américo Vespucio encontró la costa de Venezuela. Finalmente se dio cuenta de que no estaba en Asia, sino en una tierra aislada. Este nuevo continente fue nombrado "América" en su honor.

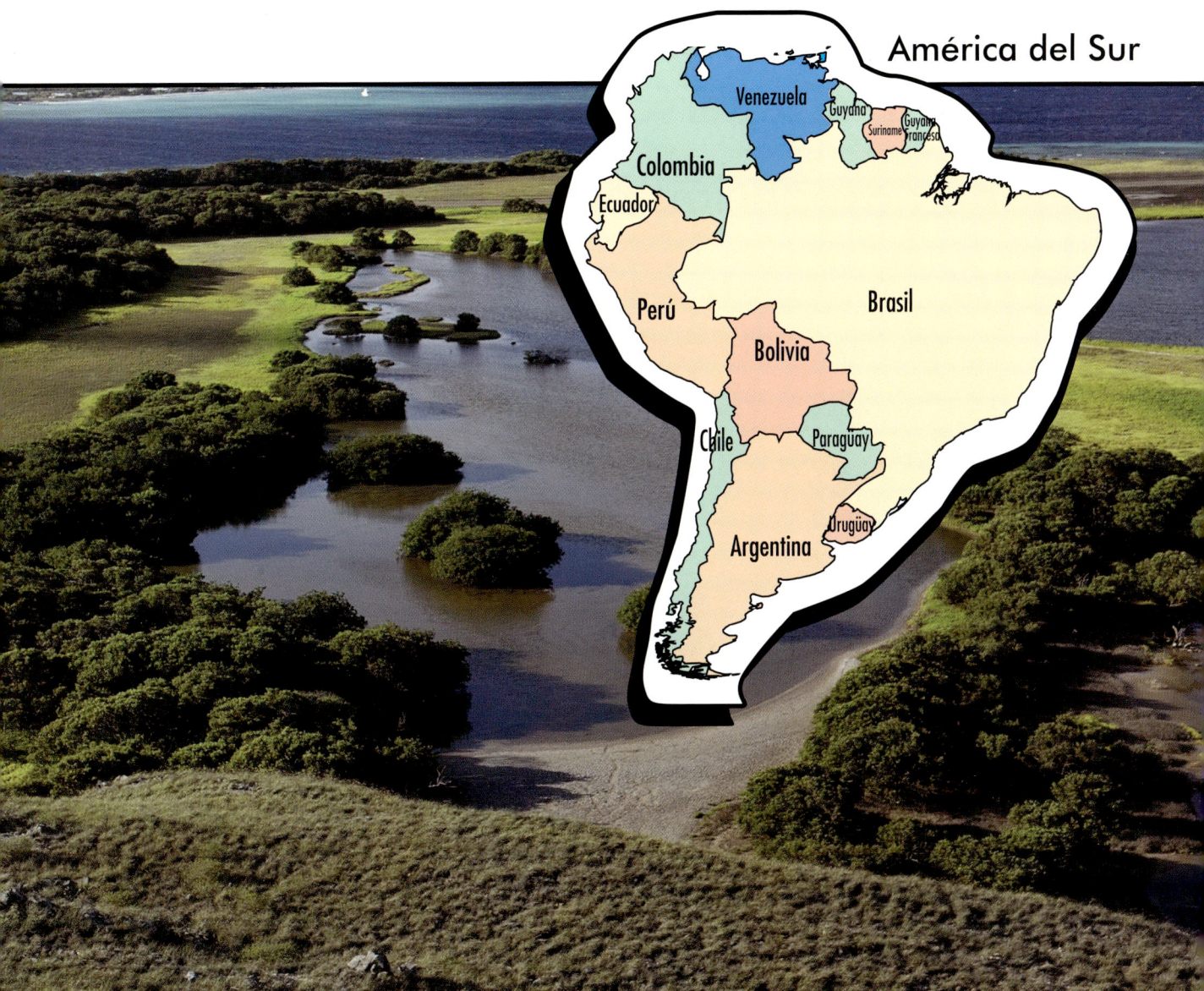

América del Sur

Vasco de Gama (1460–1524)

Vasco de Gama, un explorador portugués, fue la primera persona en encontrar una ruta de navegación hacia la India. Llegó a Calicut, India, en 1498.

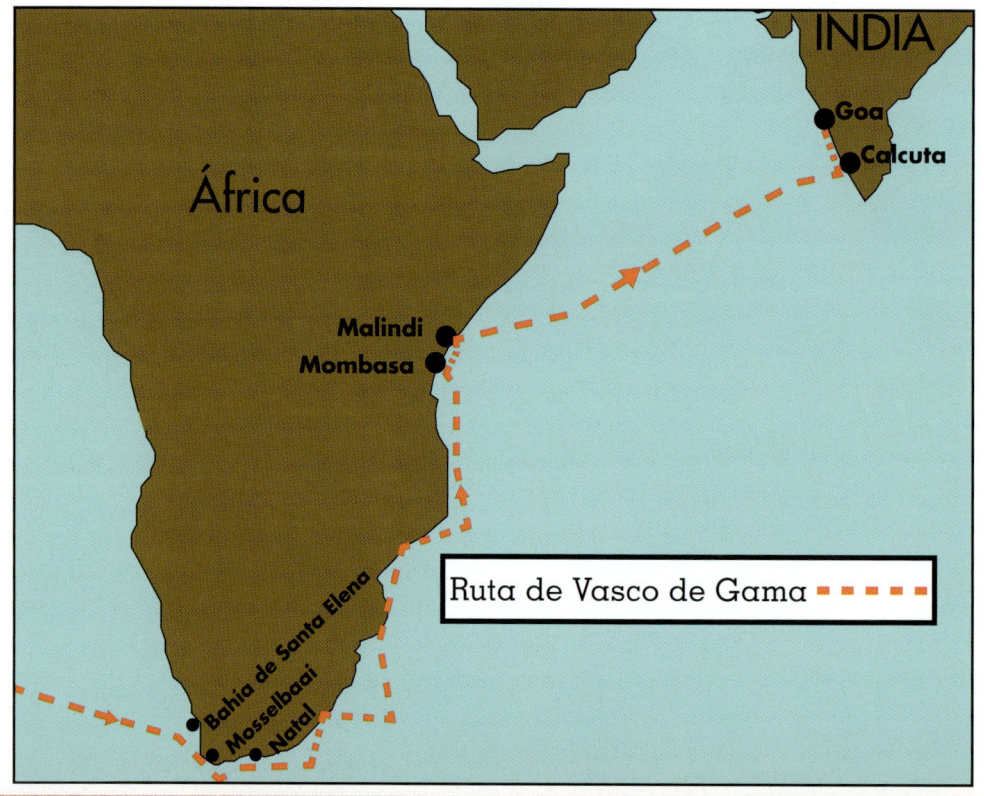

Vasco de Gama fue el primer europeo en establecer puestos de comercio al llegar a la India.

Vasco Núñez de Balboa (1475–1519)

Vasco Núñez de Balboa, un explorador español, navegó a través del océano Atlántico hasta América del Sur en 1511. Se instaló en Panamá. Balboa había oído historias sobre la existencia de un mar grande al oeste de Panamá y se dispuso a buscarlo en 1513.

Balboa llegó a una gran superficie de agua, que más tarde fue nombrada océano Pacífico. Balboa tomó posesión del océano en nombre del Rey de España.

Fernando de Magallanes (1480–1521)

Fernando de Magallanes, un explorador portugués, condujo el primer viaje alrededor del mundo. En septiembre de 1519 dirigió 5 barcos desde España y cruzaron el océano Atlántico hasta Brasil. Luego navegó hacia el Sur bordeando América del Sur.

Viaje de Magallanes

América del Norte · Europa · Asia · Océano Atlántico · África · Aquí murió Magallanes el 27 de abril de 1521 · Islas Filipinas · Océano Pacífico · América del Sur · Australia · Estrecho de Magallanes

Magallanes luego navegó hacia el Norte a través del océano Pacífico. Se detuvo en las Islas Filipinas donde fue asesinado. El barco de Magallanes, *Victoria*, siguió de regreso a España en 1522. *Victoria* fue el primer barco que navegó alrededor del mundo.

Magallanes fue quien le dio nombre al océano Pacífico. Lo llamó "Pacífico" porque el mar era sereno y tranquilo con vientos suaves y leves.

Estos exploradores fueron los primeros en explorar océanos y continentes desconocidos. Ellos descubrieron nuevas rutas de comercio y productos que todavía utilizamos hoy en día.

Glosario Ilustrado

 **comercio**: Comercio es el negocio de compra y venta de bienes.

 **continente**: Un continente es uno de las siete grandes masas terrestres de la Tierra. Los continentes son Asia, África, Europa, América del Norte, América del Sur, Australia y la Antártida.

 **exploradores**: Un explorador es una persona que viaja para descubrir nuevos lugares.

 **mapas**: Un mapa es un plano detallado de un área, que muestra características tales como océanos, ríos y montañas.

 **océano**: Un océano es una extensión grande de agua salada. Los principales océanos del mundo son el océano Pacífico, océano Atlántico, océano Índico, océano Glacial Ártico y el océano Antártico.

 **productos**: Los productos son cosas que son vendidas o cosas que alguien posee, tales como artículos de cuero o bienes para el hogar.

Índice

comercio 8, 9, 15, 20
continente(s) 4, 10, 13, 20
explorador(es) 4, 5, 6, 8, 10, 12, 14, 16, 18, 20
mapas 4

océano(s) 4, 11, 12, 16, 17, 18, 19, 20
productos 8, 20
Tierra 4, 5

Sitios web

www.socialstudiesforkids.com/subjects/explorers.htm

allaboutexplorers.com

www.kidinfo.com/american_history/explorers.html

Acerca del autor

Ellen K. Mitten ha enseñado niños de cuatro y cinco años de edad desde 1995. ¡A ella y a su familia les encanta leer toda clase de libros!